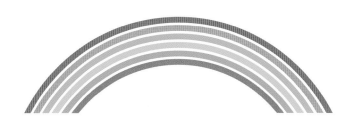

保育者応援BOOKS

健康管理 Q&A

編著●チャイルド社　監修●藤城富美子

母子健康手帳

JN034398

チャイルド社

はじめに

子どもは一人ひとり違います。
保育者も一人ひとり違います。
だから保育は、おもしろいけれどむずかしいのです。
こんなときどうしたらいい？―― 保育の仕事を始めたばかりのみなさんはとくに、
毎日が悩んだり迷ったりの連続でしょう。

そこで本書では、
毎日の保育のなかで出会うことの多い「どうしたら？」を具体的にあげてみました。
そして、大人の都合ではなく、子どもの目線で考えることを大切に、
答えを用意してみました。

実際に直面している個々のケースに、
この答えがそのまま通用するわけではないでしょう。
しかし、保育の質を高めるために大切なのは、
保育者自身が自分で考えスキルをアップさせていくことです。
そのためのヒントのひとつとして、
本書を役立てていただければ幸いです。

チャイルド社　出版セミナー部

保育者応援**BOOKS**
健康管理

Q&A

CONTENTS

感染症

Q.1
急に高熱が出た
P.12

Q.2
嘔吐した
P.14

Q.3
目が充血している
P.16

Q.4
アタマジラミが
発生した
P.18

Q.5
インフルエンザが
うつったかもしれない
P.20

colmun
感染症対策
P.22

colmun
感染症と登園のめやす
P.24

ふー！　ふー！

5

チェック!

キーワード検索

本書の特長と使い方

- 毎日の保育で生まれる保育者のリアルな悩みを取り上げました。
- 悩みに対する直接的な回答だけではなく、保育に必要なスキルや、すぐに使えるアイデアを紹介しています。

目次ページ（見開き）画像

気になるテーマや項目を選んで読むことができます。

保育の実践における保育者の悩みをテーマごとに配置しました。

キーワード検索ページ画像

保育にかかわるキーワードから検索できます。

本文見開き画像

現場のリアルな悩みを具体的に記しています。

回答を捕捉する情報や、さらに必要なスキル、すぐに使えるアイデアを紹介しています。

「悩み」に対して、基本となる考え方や具体的な対応の仕方を紹介しています。

Q1

感染症

急に高熱が出た

保育中に急に高熱が出た子どもへのケアや、まわりの子どもへの配慮などの注意点を教えてください。また、インフルエンザの疑いが強い場合の対応も知りたいです。

症状に合わせてケアをし、感染の可能性を考え、個別保育で対応します。

　熱が高く暑がるときは薄着にし、いやがらなければ熱冷まし用シートなどを当てます。首のつけ根や脇の下、足のつけ根を冷やすとよいでしょう。ただし、子どもがいやがるときは無理におこなう必要はありません。手足が冷たかったり寒気があるときは保温します。

　保護者を待つ間、30分〜1時間ごとに検温し、湯冷まし、麦茶などで水分補給を促します。

　インフルエンザが流行している時期であればインフルエンザを疑い、感染拡大を防ぐために、ほかの子どもと離し、個別保育をします。マスクができるようであれば着用させ、ウイルスの飛散をおさえましょう。

インフルエンザの可能性が高い場合は全保護者に子どもの体調の把握を呼びかける

- 全保護者に情報を伝え、家庭でも子どもの体調の変化を察知してもらうよう呼びかける。
- 微熱がある、機嫌が悪い、夜中にぐずるなどの様子がみられ、感染の可能性が疑われる場合は、1日様子をみてもらう。

保育者は診断をつけない

- 「インフルエンザだと思う」などと言わない。
- 「園内にインフルエンザと診断された子どもがいます」などと情報だけを伝える。
- 検査は医師が診察し、必要であると診断したうえでおこなうもの。「検査をしてもらってください」とは言わない。

インフルエンザが流行しています！

Q2

感染症

嘔吐した

食べたものを子どもが吐いたときのケアや、まわりの子どもへの配慮など、注意点を教えてください。

嘔吐の原因等を確かめ、感染症が疑われるときはほかの子どもと離し、別室で安静にして見守ります。

　何がきっかけで吐いたのか（咳、吐き気など）、どのようなものを吐いたのか、その前に食べてからどのくらいの時間が経っているのか、その前の子どもの様子はどうだったのか、また地域や園内で嘔吐をともなう感染症が流行しているかどうかなどを確かめます。

　嘔吐をした子どもには、うがいができそうならうがいをさせ、できない子どもには口腔内に残っている嘔吐物を取り除きます。このとき、嘔吐を誘発しないように気をつけてください。

　感染症が疑われるときには、ほかの子どもを別室に移動させます。また、その子自身も別室で安静にさせながら様子をみます。嘔吐して30分〜1時間程度の間に吐き気がなければ、水分を少量ずつ飲ませます。

脱水症状に注意する

●以下の症状がみられるときは、
　すぐに受診する。

　　・下痢と一緒に嘔吐した
　　・水分がとれない
　　・唇や舌が乾いている
　　・尿が半日以上出ない
　　・尿の量が少なく、色が濃い
　　・目が落ちくぼんでみえる
　　・皮膚の張りがない

嘔吐物の処理の仕方

1 応援の職員を呼び、ほかの子どもを別室に移動させる。

2 嘔吐物を外側から内側に向かって静かにふき取る。
※50㎝くらいの高さからの吐物の飛散範囲は約2m。

3 嘔吐した場所の消毒（次亜塩素酸ナトリウム。アルコールは効果なし）を
おこなう。

4 換気をおこなう。

5 処理に使用したもの（手袋、マスク、エプロン、ぞうきん等）はビニール
袋に2重にして密閉し、廃棄する。

6 処理後は手洗い（液体・泡石けんを用いて流水で30秒以上実施）をおこな
う。また、状況に応じて、処理時に使用していた衣類の着替えをおこなう。

7 汚染された子どもの衣服は、二重のビニール袋に密閉して家庭に返却する
（感染拡大を防ぐため、園では洗わない）。

8 家庭での消毒方法等について、保護者に伝える。

Q3

感染症

目が
充血している

目が赤く充血しているとき、どのような病気が考えられますか。どのような対応が必要ですか。

目の充血に
目やにをともなう場合は、
ウイルス性結膜炎の可能性が
あります。

　目の充血は、汚れた手でこすってばい菌が入った、ゴミなどの異物が入ってこすったなどの原因が考えられます。

　よく見て異物があれば取り除き、それでも改善しない場合は、手でこすることで炎症をおこし悪化する可能性もあるので、保護者に伝え早めの受診をお願いしましょう。

　目の充血に目やにをともなう場合は、ウイルス性結膜炎（流行性角結膜炎、咽頭結膜熱〈プール熱〉、急性出血性結膜炎）などが考えられます。その場合は感染拡大の恐れがあるので、手洗いの徹底や消毒など、配慮が必要です。

プラス

ウイルス性の結膜炎が疑われる場合、使った玩具は消毒する

● その子どもが使った玩具は、ほかの子どもが使う前にこまめに洗う。消毒用エタノールを使うとよい。
● 洗えない玩具は、消毒用アルコールでふき、陽に干す。

子どもも保育者も手洗いを徹底する

● 石けんでよく手を洗う。
● タオルとタオルが触れることで感染が拡大することもあるので、できればペーパータオルに切り替える。

ウイルス性結膜炎の種類と症状

流行性角結膜炎
潜伏期間：2～14日
症状・特徴：目の充血、目やに、目に膜が張るなど
感染経路：飛沫感染および接触感染
　　　　　塩素消毒の不十分なプールの水やタオル等を介し感染することもある

急性出血性結膜炎
潜伏期間：ウイルスの種類によって平均24時間または2～3日
症状・特徴：強い目の痛み、目の結膜（白眼の部分）の充血、結膜下出血、目やに、角膜の混濁など
感染経路：飛沫感染および接触感染

咽頭結膜熱（プール熱）
潜伏期間：2～14日
症状・特徴：高熱、扁桃腺炎、結膜炎など
感染経路：飛沫感染および接触感染
　　　　　塩素消毒が不十分なプールの水を介して感染することもある

参考：「保育所における感染症対策ガイドライン」（2018年改訂版／厚生労働省）

アタマジラミが発生した

アタマジラミが発生しました。感染予防のため、その子どもの頭にバンダナを巻いてみましたが、すぐに取ってしまいます。感染しないために何かよい対策はありますか。

バンダナを巻いても効果は期待できません。正しい知識をもって対応しましょう。

アタマジラミの感染を防ぐためにバンダナを巻いても効果は期待できません。正しい知識をもって対応することが大切です。

卵は爪でこすり取らなければ取れないほどしっかり髪の毛に付着しています。卵の状態では、基本的には感染しません。感染するのは、成虫が頭から頭に移るからです。

卵を見つけたら、できるだけ早くスミスリン製剤など専用のシャンプーを使い、家庭で駆除してもらいましょう。

プラス

成虫の感染経路を断つ

● タオルの共有を避ける。
● 午睡時は頭と頭が近く感染しやすいので、布団は頭の向きと足の向きが交互になるように敷く。
● 布団を上げた後は、周辺に掃除機をかける。
● おもちゃのくしは出さないようにする。

保護者と情報を共有する

● きょうだい関係からの感染が多いので、感染の情報をできるだけ早く保護者からもらえるようにする。

アタマジラミとは

● アタマジラミは、卵→幼虫→成虫の順に成長する。

● 特定の生活様式、年齢、性別などに関係なく、すべての人の頭部に寄生する。清潔にしていても寄生する。

● 人の頭部に寄生すると、頭皮から吸血し、吸血された箇所がかゆくなる。

● 成虫と幼虫は同じような形態をしており、羽がないので飛ぶことも跳ねることもない。人のからだから離れると、7〜72時間程度しか生きられない。

参考：『保育所・幼稚園・小学校の先生のための…アタマジラミ読本』(東京都福祉保健局)

Q5

インフルエンザが
うつったかも
しれない

頭痛がし、寒気が止まりません。園内でインフルエンザがはやっているので、うつったのかもしれません。どう行動すべきでしょうか。

職員自身が感染の媒介者にならないことが大切。体調が悪いときは、勇気をもって休みましょう。

インフルエンザの予防接種は受けていますか？ 乳幼児を保育している保育者が予防接種を受けないのは論外です。

もちろん、予防接種を受けていても感染することはあります。とくに保育者1年目は、子どもの入所1年目と同じで、様々な感染症にさらされます。

たとえ症状が軽くても、病原菌を排出している不顕性感染者になる可能性があるので、体調が悪いときは無理をせず休む決断も必要です。

まわりに迷惑をかけないようにとの思いが、かえって迷惑をかけることを理解しましょう。

予防接種を徹底する

●自分自身が予防接種を受けるのはもちろん、ほかの保育者にもすすめる。

予防接種歴、罹患歴を確認する

●麻疹、風疹、水痘、流行性耳下腺炎（おたふく風邪）についても、これまでの予防接種歴および罹患歴を把握する。
●母子健康手帳の記録を確認する。ない場合は、抗体検査などを受けて確認をする。

感染症対策

感染症の拡大を防ぐための方法をまとめます。

こまめな清掃を心がける

感染症の多くが飛沫感染によって感染する。
ウイルスは排出後（床に落ちたなど）すぐに消滅するわけではなく、数時間生き続けるため、床、子どもが多くさわる場所はこまめに清掃する。

適切な消毒をする

感染者が出たときは、いつも以上に玩具の消毒に力を入れる。
ウイルスによる感染症はほとんど、アルコール消毒でOK。ノロウイルスやロタウイルスなど嘔吐や下痢をともなう感染症の場合は、塩素系の消毒液を使う。

手洗いを徹底する

子どもも保育者も手洗いを徹底する。
ただし、感染症が流行しているからといって安易に子どもの手にアルコールを噴霧しない。子どもは皮膚が薄いのでアルコールは刺激が強すぎる。
また、消毒液は揮発性があり吸い込む恐れがあるので、子どものまわりでは極力使わないようにする（とくに、ぜん息の子どもには、気管支を刺激して危険）。

保護者と連携する

感染症は診断がついてから感染するわけではなく、症状が出たときにはすでに感染が広がっている。
日ごろから保護者に感染症を理解してもらえるよう働きかけ、感染症が発生したときは、各家庭で子どもの様子を観察してもらい、感染の可能性があれば登園を控えるなどの協力を得る。

予防接種歴を確認する

職員と子どもの予防接種歴・罹患歴を把握する。
予防接種の標準的な接種対象期間になっても受けていないワクチンがある子どもには、未接種の理由を保護者に確認してみる。

感染症と登園のめやす

園は、感染症に罹患した子どもの体調ができるだけ速やかに回復するよう、迅速かつ適切に対応することが求められています。また、子どもが長時間にわたり集団で生活する環境であることをふまえ、周囲への感染拡大を防止する必要があります。

そのため、学校保健安全法施行規則に規定する出席停止の期間の基準に準じて、あらかじめ登園のめやすを確認しておいてください。

登園再開の扱い

感染症に罹患した子どもが登園を再開する際の取り扱いについては、子どもの負担や医療機関の状況も考慮し、各園において、市区町村の支援のもとに地域の医療機関等と協議して決めていきます。

- 登園を再開する際は、疾患の種類に応じて「意見書（医師が記入）」または「登園届（保護者が記入）」を保護者が園に提出する形をとることが多い。

- 各園において意見書および登園届の作成・提出を必要とすると決めた場合は、事前に保護者に対して十分に伝えておく。

おもな感染症と登園のめやす

病名	感染しやすい時期	登園のめやす
溶連菌感染症	適切な抗菌薬治療を開始する前と開始後1日間	抗菌薬内服後24〜48時間が経過していること
マイコプラズマ肺炎	適切な抗菌薬治療を開始する前と開始後数日間	発熱や激しい咳が治まっていること
手足口病	手足や口腔内に水疱・潰瘍が発症した数日間	発熱や口腔内の水疱・潰瘍の影響がなく、ふだんの食事がとれること
伝染性紅斑（りんご病）	発しん出現前の1週間	全身状態がよいこと
ウイルス性胃腸炎（ノロウイルス、ロタウイルス、アデノウイルス等）	症状のある間と、症状消失後1週間（量は減少していくが数週間ウイルスを排出しているので注意が必要）	嘔吐、下痢等の症状が治まり、ふだんの食事がとれること
ヘルパンギーナ	急性期の数日間（便の中に1か月程度ウイルスを排出しているので注意が必要）	発熱や口腔内の水疱・潰瘍の影響がなく、ふだんの食事がとれること
RSウイルス感染症	呼吸器症状のある間	呼吸器症状が消失し、全身状態がよいこと

参考：「保育所における感染症対策ガイドライン」（2018年改訂版／厚生労働省）

Q6

体調不良

熱がある

熱が出て保護者にお迎えをお願いしましたが、しばらく園で待たせてほしいとの返事でした。どのような対応・ケアが必要でしょうか。

30分〜1時間ごとに検温し、水分補給を促しながら子どもが心地よく過ごせる環境をつくってお迎えを待ちます。

　保護者に連絡して迎えにきてもらう判断は、38℃以上の発熱がある場合。また、熱に加え、元気がない、咳で眠れない、排尿回数が減っている、食欲がなく水分がとれないなどのときです。

　迎えに来るまでの間は30分〜1時間ごとに検温し、湯冷まし、麦茶などで水分補給を促します。

　熱が上がって暑がるときは薄着にし、涼しくしたり氷枕を当てたりしますが、手足が冷たかったり寒気があるときは保温します。

　高熱の場合、首のつけ根や脇の下、足のつけ根を冷やすとよいでしょう。ただし、子どもがいやがるときは無理におこなう必要はありません。

　保護者が迎えにくるまで時間がかかるときも、この対応を継続します。

子どもの平熱を考慮する

- 平熱が高ければ38℃でも元気だし、低ければ37.5℃でもつらい。
- 元気なときの平熱を考慮して対応する。

感染症の可能性をふまえて対応する

- 発しんや咳をともなう場合は感染症の可能性もあり、ほかの子どもと離すことを考える。
- 飛沫感染（インフルエンザ、咽頭結膜熱〈プール熱〉）の場合、飛沫核は1〜2m内で飛散する。医務室（保健室）がなければ事務室（職員室）や空いている部屋、最悪でも衝立をし、できればマスクをさせる。
- 結核、麻疹、水痘など、空気感染の場合は、同じ空間にいるだけで感染する。マスクをさせ、必ず部屋を離す。

0〜1歳児の発熱の特徴

- 乳児は体温調節が未熟なため、外気温、室温、湿度、厚着、水分不足等による影響を受けやすく、体温が簡単に上昇する。
- 咳や鼻水などの症状がなければ、水分補給を十分におこない、涼しい環境にいることで熱が下がることもある。
- 0歳児が入園後、初めて発熱した場合は、突発性発しんの可能性がある。
- 発熱がある、機嫌が悪いなどの症状とともに、耳をよくさわる姿がみられる場合は、中耳炎の可能性がある。

Q7

**体調
不良**

熱性けいれんを
起こした

園で発熱し、保護者のお迎えを待つ間に熱性けいれんを起こす子どもがいます。どのような対応・ケアが必要でしょうか。

衣服をゆるめ、横向きに寝かせ、落ち着くまで見守ります。けいれんの時間や様子を記録しておくことも大切です。

　熱性けいれんは、急な熱の上昇時に起こります。熱性けいれんを起こしやすい疾患として、インフルエンザや突発性発しんがあります。流行時期には気をつけましょう。

　熱性けいれんが起こったら、安全な場所で、けいれんが落ち着くまで衣類をゆるめ、大声で叫んだりなどの刺激をしないで静かに見守ります。

　吐き気がある場合は、吐物が気管に入っての窒息を防ぐために横向きに寝かせます。

　けいれんの時間、けいれんの様子、意識が回復した時間を記録し、保護者と共有することも大切です。

プラス

けいれんの既往歴に合わせて対応する

- ●既往歴がある場合、過去にけいれんが起きたときの状況、けいれんの前ぶれの症状の有無について確認する。
- ●発熱、けいれんが起きた場合の連絡先や主治医からの指導内容を確認する。
- ●既往歴がなく、初めてのけいれんを起こした場合は、保護者に医療機関を受診してもらうよう伝える。

けいれんが止まらないときは救急車を呼ぶ

- ●けいれんが5分以上止まらないときは、すぐに救急車を呼ぶ。

Q8 下痢をしている

体調不良

保育中の子どもが下痢をした場合、どのような点に注意して保育したらよいでしょうか。

脱水症状が怖いので、十分な水分補給を。適切な便処理とお尻のケアをおこないます。

　下痢をくり返し、発熱、嘔吐などの症状をともなうときは、別室で保育をします。下痢で水分が失われるため、水分補給を十分におこなうことが大切です。また、脱水症状が表れていないか注意します (p.15参照)。

　食欲があるなら食事や間食を与えてもよいのですが、その場合は看護師、調理師などに相談し、消化のよいものを選びましょう。食べるとすぐに下痢をする場合は、食事を控えます。

　適切な便処理と手洗いをしっかりとおこない、感染拡大を防ぐことも大切です。

便の状態を観察する

- 便の状態（量、回数、色、におい、血液・粘液の混入状況など）を観察する。
- 医師の診察を受けるときは、便または便のついた紙おむつ）を持っていく。
- 便を持参できないときは、便の状態を伝えるほか、携帯で便の写真を撮っていく。

腹痛をともなう場合は、保護者に連絡をする

- 腹痛をともなう下痢があるとき、食事や水分をとるとその刺激で下痢をするとき、嘔吐をともなうときは、保護者に連絡を入れ迎えと受診をお願いする。

便の処理とお尻のケア

- おむつ交換は決められた場所でおこなう（激しい下痢のときは保育室を避ける）。
- 使い捨ておむつ交換専用シートを敷き、1回ずつ取り替える。
- お尻がただれやすいので、こまめに清拭する。
- 沐浴槽などでのシャワーは控える。
- 汚れ物はビニール袋に入れて処理する。
- 使い捨て手袋を使用し、処理後は手洗いを十分に実施する。

Q9

体調
不良

おなかが痛いと言う

子どもが急に腹痛を訴える場合、どのような対応が必要ですか。また、どのような病気が考えられますか。

腹痛の部位によってある程度、疾患のある部分が推測できます。

　子どもが腹痛を訴えた場合、吐き気や発熱などの有無、便の状態や回数などを観察します。受診する場合は、どこをどのように痛がるのかを医師に伝えましょう。

　なお、子どもの急な腹痛は、腹痛の部位によってある程度、疾患のある部分を推測することができます。

　おへそより上の部位では、胃腸や肝臓、胆嚢、膵臓、呼吸器、心臓の疾患。おへそ周辺では、小腸、大腸のほか心因性の疾患。下腹部では、虫垂、直腸、泌尿器、卵巣、鼠径部の疾患である可能性があります。

　また、腹痛に加え、吐いたり、下痢をする場合、「感染性胃腸炎」が考えられます。

便が出ているか
どうか確認する

●子どもの腹痛は「便秘」
が原因ということが多い
ので、便が出ているかど
うか、最後に出たのはい
つかを連絡帳などで確認
する。

激しい痛みを訴える
ときは受診する

●鼠径ヘルニアや虫垂炎等の
場合、緊急性を有するので、
激しい痛みを訴える場合は
受診する。
●2歳未満は、腸重積を疑う。

熱中症かもしれない

Q10 体調不良

散歩から帰ったら真っ赤な顔で大量の汗が。熱中症かもしれません。どのような対応・ケアが必要でしょうか。

水分をとり、涼しくして見守ります。ぐったりして水分もとれなければ、救急車を呼びます。

　元気があり水分がしっかりとれるなら、涼しいところで休ませて様子をみます。元気がなく、ぐったりして水分もとれない状態のときは、急いで救急車を呼びましょう。

　ちなみに熱中症は真夏だけでなく、5～6月など、急な外気温の上昇と湿度の変化に体調がついていかれない場合にも起こります。ふだんからこまめに水分をとること、だるそうにしていたり機嫌が悪かったりなど、いつもと様子が違うときは、外遊びや散歩を控えるなどの配慮をしましょう。

状況に応じて外遊びを控える

●環境省の「熱中症予防情報サイト」の「暑さ指数（WBGT）の実況と予測」などで危険度合いを調べ、状況に応じて外遊びを控えるなどの対応をする。
http://www.wbgt.env.go.jp

●大人より子どものほうが熱中症になりやすいことを知っておく。

●地面に近い子どものほうが大人より2〜3℃高い熱を受けている。30℃の外気温なら、子どもが受けている熱は33〜34℃となる。

熱中症の基礎知識

熱中症とは

熱中症は、高温多湿な環境に長くいることで、徐々に体内の水分や塩分バランスが崩れ、体温調節機能がうまく働かなくなり、体内に熱がこもった状態。
屋外だけでなく、室内で何もしてないときにも発症する。

熱中症の症状

めまい、立ちくらみ、手足のしびれ、筋肉のこむら返り、気分が悪い、頭痛、吐き気、嘔吐、倦怠感、虚脱感、いつもと様子が違う、返事がおかしい、意識消失、けいれん、からだが熱い　など

Q11

体調
不良

具合が悪そうだ

子どもの様子がいつもと違い、具合が悪そうです。
子どもの体調は、どのような点に注意して観察した
らよいでしょうか。

顔つき、機嫌、食欲、元気、
呼吸を観察し、
ふだんの様子と比較します。

　ふだんの子どもの健康状態を把握しておくことは、保
育者の重要な仕事のひとつです。子どもの様子がいつ
もと違うと感じることが、子どもの病気をみつける手
がかりになるからです。そこで、以下の点に注意して
子どもの状態を観察します。

・顔つき→表情はどうか、目に力があるか、顔色が悪
　　　　　くないか など
・機嫌→（いつもとは違い）親から離れない、理由も
　　　　なく泣く など
・食欲→ものが食べられるか、水分がとれているか など
・行動→じっとして動かない、ぼんやりしている など
・呼吸→ふだんより呼吸数が浅い、多い、速い、ゼイ
　　　　ゼイする など

　いつもとは様子が違うと感じたら、お迎えのときな
どに保護者に伝え、家庭でも様子をみるよう伝えてく
ださい。

平熱を知っておく

●元気で健康な状態のときの子どもの平熱を知っておく。

体温をはかる

●発熱の有無を調べるために、体温を測定する。
●平熱が高い子どもや激しく泣いている子どもは、測定値が高めに出る場合もある。

脈拍と呼吸の確認方法

脈拍

●手首の親指側の下の方にある橈骨動脈で測定する。
●人差し指、中指、薬指の3本の指を当てて、脈がふれるのを確認。
●乳児は1分間に120〜140、幼児は80〜120くらいが正常値。

呼吸

●安静にさせ、子どもの胸やおなかの動き、口や鼻から吐き出される息の様子を観察する。
●乳児は1分間に30〜40、幼児は20〜30が正常値。

子どもの体調不良に気づくポイント

子どもの体調を観察する際、以下の症状があるとき、
体調不良を疑います。

顔色・表情
- 顔色がいつもと違う
- 表情がぼんやりしている
- 視線が合わない
- 目つきがおかしい
- 無表情である

目
- 目やにがある
- 目が赤い
- まぶたが腫れぼったい
- まぶしがる

耳
- 痛がる
- 耳だれがある
- 耳をさわる

胸・呼吸
- 呼吸が苦しそう
- ゼーゼー音がする
- 胸がへこむ

鼻
- 鼻水が出る
- 鼻づまりがある
- 小鼻がピクピクしている（鼻翼呼吸）

口
- 口唇の色が悪い（紫色）
- 痛がる
- 舌がいちごのように赤い

のど
- 痛がる
- 赤くなっている
- 声がかれている
- 咳が出る

食欲
- ふだんより食欲が
  ない

尿
- 回数、量、色の濃さ、
  においがいつもと
  違う
- 血尿が出る

睡眠
- 泣いて目がさめる
- 目ざめが悪く
  機嫌が悪い

おなか
- 張っていて
  さわると痛がる
- 股のつけ根が
  腫れている

皮膚
- 赤く腫れている
- 湿しんがある
- カサカサしている
- 水疱、化膿、出血している
- 紫斑がある
- 肌色が蒼白である
- 虫刺されで赤く腫れている
- 打撲のあざがある
- 傷がある

便
- 回数、量、色の濃さ、
  においがいつもと
  違う
- 下痢、便秘
- 血便が出る
- 白色便が出る

参考：厚生労働省「感染症保育所における
感染症対策ガイドライン」
（2018年改訂版／厚生労働省）

Q12

**体調
不良**

よだれが多い

1歳。よだれが多く、口元や服がすぐベタベタになります。適切な対応・ケアを教えてください。

A

よだれは止められません。
こまめにふく、着替えさせることで
清潔を保ちます。

　よだれの元となる唾液は、食べ物の嚥下、消化を助けるほか、口の中の環境を清潔にする働きをしています。生後すぐは分泌が少なく、4、5か月ごろから増え始めます。

　はじめは唾液を飲み込む動作が未発達なのでよだれとして口の外にあふれますが、成長とともに上手に唾液を飲み込めるようになり少なくなってきます。ただし、その時期には個人差があります。

　しぜんに出てくるよだれは止められません。口元をそのままにしておくと、赤くただれてしまいます。柔らかいタオルやティッシュなどで、こまめにふくようにします。その際、こするのではなく、やさしく押さえるようにふきましょう。また、ときどき水で流し、洋服もこまめに着替えさせましょう。

プラス

急によだれが
増えたときは
注意する

●急によだれが増えたときは、口内炎や舌炎、咽頭・扁桃炎など口の中の炎症が原因のこともある。

口まわりの筋肉を
鍛える遊びを
取り入れる

●口まわりの筋肉を鍛えることで、じょうずに口を閉じて唾液を飲み込めるようになることがある。
●ほおを膨らませたり、風車を吹くなどの遊びを取り入れる。

ふー！

ふー！

Q13

体調
不良

鼻血がよく出る

毎日鼻血が出る子どもがいます。適切な対応・ケア
を教えてください。

鼻血が出るタイミングを観察し、
その子どものくせをみつけることで
おのずと対応がみえてきます。

　いつ、どのような場面で鼻血が出ますか。午睡時に
鼻をほじっていたり、外遊びの後でのぼせていたりし
ていないでしょうか。

　鼻血が出るタイミングを観察し、その子どものくせ
をみつけましょう。おのずと対応がみえてくるはずで
す。

　まれに、血液の病気のことがあります。鼻血だけで
なく、からだのほかの部分に内出血がみられたり、出
血が止まりにくかったりといった症状があれば、家庭
にも伝え、受診をすすめましょう。

プラス

鼻血が出たら下を向かせる

●鼻と口はつながっているため、上を向くと鼻血が鼻から口の中やのどに流れてしまうので、座って下向き姿勢をとらせる。

圧迫止血をおこなう

●鼻の根元を親指と人差し指で押さえ、圧迫止血をおこなう。

脱脂綿を鼻に入れない

●乾燥した脱脂綿やティッシュを、鼻に入れたままにしない。
●脱脂綿をはずすときに皮膜をはがし、また出血する可能性がある。

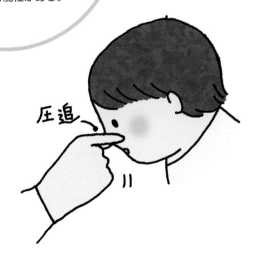

圧迫

Q14

体調
不良

トイレに行く
回数が多すぎる

トイレに何度も行く子どもがいます。それほど水分をとっているわけではありません。

子どもの頻尿は、
泌尿器系の病気によるものと
心因性のものと大きく2つに
分けられます。

　子どもの頻尿は、膀胱や尿道など泌尿器系の病気によって起こるものと、身体的に明らかな原因がなく起こるものがあります。

　排尿時の痛みや不快感、残尿感をともなうときは、膀胱炎や尿道炎の可能性があります。そういった症状が認められないときは、精神的な要因やストレス、恐怖心などが原因となって起こる「心因性頻尿」の可能性があります。

　まずは、その子どもがいつ、どのような状況のときにトイレに行くことが多いか観察してみましょう。同時に、家庭での様子もたずねてみましょう。

　ちなみに心因性頻尿は、おしっこを意識せずに何かに熱中しているときや、夜寝ているときには症状がないことが特徴です。

プラス

1日の排尿回数を数えてみる

- 1日の排尿回数や間隔を記録する。
- 4〜5歳児でトイレの間隔が2時間より短い、または1日の排尿回数が10回を超える場合は、頻尿の可能性がある。

原因を探る

- 入園や進級、引っ越し、下の子どもが生まれた、何かの行事を控えているなど、環境の変化や緊張を強いられたりストレスを受けたりする場面がないか探る。
- 思いあたる原因があれば、家庭とも連携し、その原因を取り除いたり、ストレス解消をはかる。

水分は積極的にとらせる

- 尿道から雑菌が入って起こる膀胱炎などの場合は、水をたくさん飲み、たくさんおしっこをすることで改善することもあるので、むしろ積極的に水分をとらせる。

Q15 ゲップが出ない

体調
不良

ミルクを飲んだ後、なかなかゲップをしません。そのままにしてよいでしょうか。

A そのまま寝てしまうと吐乳窒息の原因に。15〜30度頭を高くして寝かせ、10分後に再度、ゲップをさせてみます。

　ミルクを飲んだ後は、必ずゲップをさせるようにします。

　保育施設での睡眠中の死亡事故が、年間10例前後起きています。睡眠中の死亡事故の原因のひとつとして、乳幼児突然死症候群（SIDS）やベッドの間に挟まれる、布団が口をふさぐなどのほか、吐乳の窒息も指摘されています。

　ゲップが完全に出切らない状態で寝た場合、15〜30度くらい頭を高くして寝かせ（ベビーラックの背を立てるなどして）、10分くらいで再度、ゲップをさせます。また、睡眠中は子どもの様子をそばで観察することが大切です。

🌱 ゲップのさせ方

縦抱きで

子どもを抱き上げ、保育者の肩に顔をもたせかける。片手でお尻を支え、もう一方の手で下から上に向かって背中をさするか、やさしくトントンする。

座って

保育者のももの上に子どもを横向きに座らせ、子どもの胸を支え、上半身が少し前に傾くようにする。下から上に向かって背中をさするか、やさしくトントンする。

Q16

体調
不良

夜泣きで寝不足

夜泣きがひどいようで、いつも寝不足気味で登園します。園で何ができるでしょうか。

午前寝をさせるなどして
様子をみましょう。

　1歳前後の夜泣きは生理的な現象で、最も多いのは生後7〜9か月ころです。多くの場合、心配いりません。

　機嫌が悪い、ボーッとしているなど寝不足の様子がみられるときは、少し午前寝をさせてみます。

　保護者から「どうしたら夜泣きがおさまるか」等の相談があったときは、まず、どのような日に夜泣きが多いのか観察することをすすめてみます。「園で豆まきをした日に大泣きした」「家族で外出をした日に夜泣きをすることが多い」など一定の傾向に気づくと、何かしらの対策がみえてくるかもしれません。

　いずれおさまると思いますが、どうしても気になる場合は、かかりつけ医に相談することをすすめてもよいでしょう。

プラス

生活リズムを整える

- ●夜の睡眠が確保できるよう、午睡の時間が遅くならないように調整する。
- ●日中の適度な運動、活動で生活リズムを整える。

保護者を支える

- ●保護者がストレスを抱えないように、話を聞いたり相談にのる。

夜泣きの原因と予防

考えられる原因

- ●空腹、おむつの汚れ、暑い、寒い、騒がしい、明るすぎるなどの環境
- ●寝る前に遊びすぎて興奮している
- ●家族の生活が夜型になっている
- ●親子ともどもストレスを抱えている　など

夜泣きの予防

- ●昼間たっぷりと遊ぶ
- ●戸外で陽の光を浴びる
- ●入浴は早めの時間にぬるめのお湯にゆっくりと入る　など

薬を吐いて
しまった

体調不良

薬を飲ませましたが、うまく飲み込めずに吐いてしまいました。もう一度飲ませるべきでしょうか。

保護者に連絡し、
どうするか判断してもらいます。

　原則、薬は1回分しか預かっていないはずです。吐いてしまったときは保護者に連絡し、もう1回分を持ってきてもらって飲ませるか、そのまま様子をみるかを判断してもらいます。

　薬の飲ませ方については、家庭での方法を聞いておくとよいでしょう。ただし、家庭でゼリーやアイスクリームに混ぜていると聞いても、園ではできません。

　園で飲ませる場合は、飲ませやすい薬に変えられるかどうか医師に相談してもらうとよいでしょう。

プラス

乳児には、粉薬を水でといて与える

●粉薬を耳たぶくらいの固さにとき、頬や上あごの内側に塗り、ミルクや白湯、水などを飲ませる。

1日2回で処方してもらう

●園で薬を飲まなくてよいよう、1日2回（朝と夜）の与薬ですむよう医師に相談してもらう方法もある。

薬の預かりに関する注意点

●園において子どもに薬（座薬等を含む）を与える場合は、医師の診断および指示による薬に限定する。

●薬を預かる際は、保護者に医師名、薬の種類、服用方法等を具体的に記載した与薬依頼票を持参させる。

●保護者から預かった薬は、ほかの子どもが誤って服用することのないように施錠できる場所に保管する。

●与薬にあたっては、複数の保育者等で対象児を確認し、重複与薬や与薬量の確認、与薬忘れ等の誤りがないようにする。

●与薬後は、子どもの観察を十分におこなう。

Q18

体調
不良

病み上がりで
元気がない

熱を出してしばらく園を休んでいた子どもが久しぶりに登園してきました。元気がないので心配です。

体調が元に戻るには
時間がかかることを理解し、
静かに回復を待ちましょう。

熱が下がってもすぐに体調が元に戻るわけではありません。最低でも回復には、熱が続いた日数分かかります（高熱の場合はそれ以上）。

激しい運動や遠出の散歩などは控えるようにし、みんなと一緒の活動に参加するかどうかも本人にまかせながら、静かに回復を待ちましょう。

熱は下がっていても、下痢をしているとか咳があるなどほかの症状が残っている場合は、保護者に相談し、再度、受診をしてもらいましょう。

プラス

体調悪化に注意する

- いったん回復して登園しても、再び体調が悪化することもある。
- 発熱や食欲低下、泣いて目覚める、元気がない、顔色が悪いなど体調悪化のサインを見逃さないようにする。

登園のめやすを確認する

- 感染症に罹患した場合は、あらかじめ登園のめやすを確認し、保護者に伝えておく（p.25参照）。

Q19 転んで傷

外遊びをしていて転び、ひざを大きく傷つけました。
適切な処置を教えてください。

きれいに洗い流してから、
傷口を保護して冷やします。

　まずは、汚れを残さないようにきれいに洗い流し、
汚れ・異物を除去します。その後、傷を保護して冷や
します。

　出血が多い場合は、傷口をガーゼでおおい、ぎゅっ
と押さえて血を止めます。傷口を心臓よりも高くし、
血が止まってから洗い流し、傷を保護して冷やします。

　傷が開き気味の場合には、傷口を閉じるようにして
絆創膏などで止めます。傷を閉じておくことで出血が
止まりやすくなります。また、傷口の乾燥を防ぎ、早
く治ることにつながります。

　深い傷の場合は、洗っても汚れが残ってしまう可能
性が高いので、病院を受診しましょう。

プラス

消毒液は使わない

●消毒液は、ばい菌を殺すと同時に、傷を治すために働く組織もストップさせる。

●治りを遅くすることもあるので、極力使わない。

病院を受診する

●以下の場合は病院を受診する。

・えぐれるような傷
・傷口の範囲が大きい
・傷が深い（パカッと割れている）
・出血が多い
・釘やガラスが刺さった
・何でけがをしたか不明
・汚れがひどい
・動物にかまれた、ひっかかれた
　など

絆創膏の効能と注意点

絆創膏の効能

●傷の保護（乾燥・摩擦を防ぐ）

●傷の固定

●傷の遮光（紫外線による刺激から守る）

使用上の注意

●直接傷に貼る場合は、滅菌されたものを使う。

●かゆみや痛み、ヒリヒリするなどのトラブルが起こる可能性もあるので、長く貼りすぎない。

Q-20

けが・トラブル

かみつき、ひっかき

友だちにかまれたり、ひっかかれたりしたとき、できるだけあとが残らないようにしたいです。適切な処置を教えてください。

流水で洗い流してから、冷やすのが基本。あとが残らないためには、紫外線を避けることが大切です。

　かまれたりひっかかれたりした傷は、組織が傷ついています。口や爪の中の菌が傷口から入る可能性もあるので、まずは流水できれいに洗い流してから、冷やしましょう。

　出血がある場合は、ガーゼなどで傷の保護をします。傷になっていなくても、紫外線に当たるとあとになる可能性があるので、サージカルテープ（テープ絆創膏）や日焼け止めなどで対応しましょう。

　出血や腫れがひどい場合は、あとが残らないように病院の受診を視野に入れてもよいと思います。

傷口はもまない

- 「あとが残らないように」と、かまれた箇所をもむ人がいるが、間違った対応。内出血が広がってしまう。

保冷剤を使った冷やし方

ハンカチと保冷剤を用意し、広げたハンカチの上に保冷剤を置きます。くるくると細長く巻いたら、かみつきやひっかきのあった場所に巻きつけて結び、固定します。

Q·21

骨折したかも
しれない

転んだ後、腕をひどく痛がり、泣き止みません。傷や出血などはなく、骨折したのではと不安です。どのような対応・ケアが必要でしょうか。

安静→冷却→挙上が基本。
骨折の有無がわからないときは、
骨折したものとして扱いましょう。

　このような場合は、骨折や脱臼（関節を構成する骨同士の位置関係がずれてしまうこと）を疑い、病院に連れていきます。

　その際、けがをしたところが動かないように副木などで固定します（安静）。そして、保冷剤などを使って冷やし（冷却）、けがをしたところを心臓より高い位置に保ちましょう（挙上）。

　けがが起こった状況を本人やまわりの子どもに聞き、保護者や医師に説明できるようにしておくことも大切です。

骨折の症状と応急処置

次のような症状があるときは骨折している可能性があります。応急処置を施し、病院に連れていきます。

症状

- 激しい痛みがある。
- 動かせない。
- 変色している。
- 向きがおかしい。
- さわると痛がる。
- ひどく腫れている。
- 力が入らない。

応急処置

副木の仕方

けがをした箇所の上下の関節に副木（なければ段ボール板）を当て、包帯などで固定する。

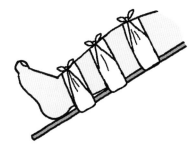

挙上の仕方

三角巾あるいは大判のハンカチなどで吊る。

Q22 頭を打った

けが
トラブル

ブランコから落ちて頭を打ちました。どのような対応・ケアが必要でしょうか。

頭蓋内で異常が起こっている
可能性を考え、様子を観察し、
なるべく安静に過ごします。

　どのくらいの高さから落ちたのか、とがったものにぶつけていないか、傷や出血はどの程度かなどを確認し、衝撃の程度を判断します。そして、意識状態に注意します。外部からわかる傷がない場合でも、頭蓋内で異常が起こっていることがあります。

　頭を打った後にすぐ泣いた、意識がはっきりしている、機嫌や顔色がいつもと変わらない、食欲がある、出血がないなどの場合は、それほど心配いりません。冷やして数分間は横に寝かせ、当日はなるべく安静にして過ごします。

　しばらく泣かない、ぐったりしている、吐き気がある、呼吸が苦しそう、頭を痛がる、朦朧（もうろう）としている、言っていることがおかしい、けいれんしている、出血がひどいなどのときは、直ちに救急車を呼びます。

救急車を待つ間の対応

●水平に寝かせ、頭が動かないようにする。
　（口唇・顔色が悪いときは、下肢をやや挙上）

●意識がない、呼吸がないときは、直ちに心肺蘇生をおこなう。

●頭部から出血している場合は、圧迫止血をする。

こんな対応はNG

●揺さぶる。

●大きな声で呼びかける。

●元気そうだ、大丈夫、と楽観視する。

Q.23 やけどをした

けが・トラブル

クッキング保育中などで万が一子どもがやけどをした場合の対応・ケアを知りたいです。

流水で冷やすことが第一。やけどが深かったり、広範囲に及ぶときは受診しましょう。

　まず大切なのは、やけどをした部位を冷やすことです。流水で10分間以上冷やします。痛みが軽くなるまで、15～30分がめやすです。水ぶくれはつぶさないように気をつけます。

　その後、やけどをした部位を清潔な布でおおい、保護します。

　皮膚が赤く腫れて水ぶくれを起こしている、ただれがあるなどやけどが深い場合、やけどの範囲が広く（大人は全身の20％以上、子どもは10％以上）顔色が悪い、寒がる場合などは、直ちに病院を受診しましょう。

衣類の下のやけどは
衣服のまま冷やす

●熱湯がかかるなどで衣類の下を
　やけどした場合は、まず衣服の
　まま冷やす。

●その後、衣類を慎重に脱がせる。
　痛みが残っていれば、再度冷や
　す。

●皮膚と衣類が癒着しているとき
　は無理に脱がせず、衣類をハサ
　ミで切る。

低温やけどには
とくに注意する

●あんかやカイロなど
　のやけどは、見た目
　以上に深く、ダメー
　ジが大きいことがあ
　る。

Q24 異物を飲み込んだ

けが
トラブル

おもちゃの部品が外れ、子どもが口に入れているのを発見しました。今回は無事口から取り出しましたが、万が一、子どもが異物を飲み込んだときの対応を教えてください。

気管に入ると窒息の恐れが。指で取り除けない場合は、背部叩打法で除去します。

　子どもが異物を口に入れ、気管に入ってしまうと、突然の激しい咳、喘鳴（ぜんめい）（ヒューヒュー、ゼーゼーなどの音）、呼吸困難、チアノーゼなどの症状が現れます。

　窒息状態になったときは、直ちに異物を取り除かなければなりません。異物が口の奥に触れる場合は指でかき出しますが、その際、逆に押し込まないように十分な注意が必要です。指での除去が無理な場合は、背部叩打法（p.70〜71参照）で除去します。

　それ以前に、子どもが異物を口に入れることがないよう、保育室内に置くものを厳選するとともに、玩具等の大きさや故障、破損がないかの確認をしっかりおこなってください。

プラス

誤飲チェッカーで 玩具の大きさを確認する

● 部屋に置く玩具は、すべて誤飲
　チェッカーで確認する。

＊誤飲チェッカーとは、子どもの誤飲
　や窒息を防ぐために開発されたもの
　で、3歳の子どもが口を開けたときの
　最大口径「直径：39mm、奥行き：
　51mm」の大きさをしたアクリル製
　の円筒型の器具。誤飲チェッカーに
　隠れる大きさのものは子どもが飲み
　込んでしまう危険がある。

遊具や玩具の 故障や破損がないか 確認する

● 遊具のネジが緩んでいな
　いか、どこか故障したり、
　破損したりしていないか、
　チェックする。

誤飲の際、救急車を呼ぶ判断

以下のような場合は、すぐに救急車を呼んでください。

● 意識がない。

● けいれんが止まらない。

● 吐き気やおう吐がある。

● 呼吸がおかしい。

● 塩酸や苛性ソーダ、除草剤、
　パラコートや有機リン系、殺
　虫剤、トイレ洗浄剤や業務用
　漂白剤を誤飲した。

緊急時の応急手当

いざというときのための、応急手当の方法を紹介します。

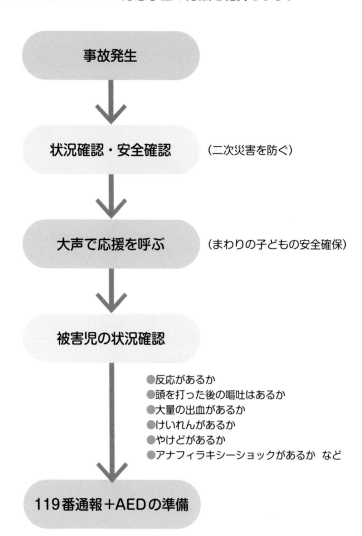

事故発生

状況確認・安全確認　　　（二次災害を防ぐ）

大声で応援を呼ぶ　　　（まわりの子どもの安全確保）

被害児の状況確認

●反応があるか
●頭を打った後の嘔吐はあるか
●大量の出血があるか
●けいれんがあるか
●やけどがあるか
●アナフィラキシーショックがあるか　など

119番通報＋AEDの準備

心肺蘇生法

（「反応なし」確認後の手順）
子どもの心肺蘇生は、呼吸を止めないことが
第一の目的です。

呼吸の確認

（胸や腹の上下運動を見て、
10秒以内に判断する）

呼吸をしている

呼吸をしていない

呼吸の経過観察

心臓マッサージ

気道確保

舌が空気の通り道をふさが
ないよう、頭を後屈させて、
あご先を上げる。

乳児

胸の真ん中を指2本で押す。強さは胸
の厚みの1/3程度が沈むくらい。毎分
100～120回程度のテンポで30回お
こなう。毎回、胸の高さを元に戻す。

幼児

胸の真ん中に縦長にある「胸骨」の下
半分を押す。片方の手のひらを当てて、
手のひら部分にだけ力がかかるように
押す。強さは胸の厚みの1/3程度が沈
むくらい。毎分100～120回程度の
テンポで30回おこなう。毎回、胸の
高さを元に戻す。

人工呼吸

乳児

人差し指で、下あごを鼻の高さまで引き上げ、1秒に1回、口と鼻の両方からやさしく息を吹き込む。子どもの胸が少し上がるのが見てとれる程度に2回おこなう。

幼児

2本の指で下あごを鼻の高さまで引き上げ、子どもの鼻をつまみ、1秒に1回、口からやさしく息を吹き込む。子どもの胸が少し上がるのが見てとれる程度に2回おこなう。

＊嘔吐がある場合などは、感染防護具の利用が望ましい。

AEDを使う

AEDを子どもの頭上方に置き、電源を入れたら、音声メッセージとランプに従って操作する。

**AED
使用における
注意**

●バッテリー切れや故障を防ぐために、日常的に点検をおこなう。

●乳幼児の場合、呼吸器系の障害（窒息など）が原因で心停止になることが多いので、AEDで解析しても電気ショックが不要になるケースは少なくない。装着後の解析で電気ショックの指示がない場合は使用をやめる。

AEDで電気ショックの指示がない場合は、直ちに、心臓マッサージと人工呼吸をくり返し、救急車を待つ。

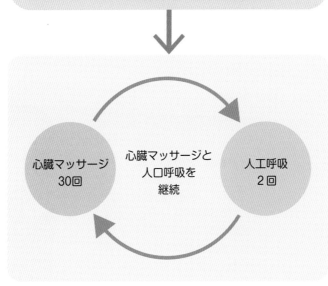

心臓マッサージと
人口呼吸を
継続

心臓マッサージ
30回

人工呼吸
2回

気道異物の除去

誤嚥や窒息のときにおこないます。

乳児

背部叩打法

保育者のひざの上に子どもをうつぶせに乗せて、うでと手で顔を支える。頭をからだより低くして、背中の中心を平手で連続して5回たたく。異物が取れなければ、続けて胸部突き上げ法をおこなう。

胸部突き上げ法

保育者のひざの上に子どもを仰向けに乗せる。頭をからだより低くして、乳児の心臓マッサージ（p.67参照）と同じ要領で、胸の真ん中を指2本で突き上げる。異物が取れなければ、背部叩打法に戻ってくり返す。

幼児

背部叩打法

子どもの前胸部を、保育者の太ももで支えて、安定した状態でうつぶせにする。頭をからだより低くして、背中の中心を平手で5回たたく。異物が取れなければ、続けて胸部突き上げ法をおこなう。

腹部突き上げ法

保育者は子どもの後ろから脇の下に両腕をまわし入れ、子どものへその上で片方の手を握りこぶしにして、横隔膜を上方へ5回突き上げる。異物が取れなければ、背部叩打法に戻ってくり返す。

参考：『選ばれる園になるための 保育事故対応マニュアル』（チャイルド社）

Q25

けが・
トラブル

あせもを
かゆがる

あせもでただれている子どもへの、適切なケアを教えてください。

シャワーで汗を流し、
冷やしたタオルを当てて
かゆみを抑えましょう。

　少しぬるめのシャワーで汗を流すと、あせものかゆみが少し落ち着きます。かゆがるところに少し冷やしたタオルを当て、本人持ちの保湿剤があれば塗布しましょう。

　あせもを防ぐには、こまめに汗を流して皮膚の清潔を保つことが大切です。夜間の汗であせもになることも多いので、保護者に伝え、朝のシャワーを提案してもよいでしょう。

　ただれがひどいと、とびひになりやすいので、保護者に医療機関への受診をすすめ、軟膏などを処方してもらうようにお願いしましょう。

通気性のよい服を着せる

● 保護者に伝え、通気性のよい素材の服を用意してもらう。
● タンクトップのような露出の多い衣服は避ける。汗が吸収されないため、汗孔がつまってあせもができやすい。

あせもとは

● 汗の出口である汗孔が、あか、皮脂、ほこりなどによって詰まることで炎症が起こり、発症する。

● 赤い発しんができ、かゆみを伴う。頭、額、首、ひじの内側、ひざの裏側、足のつけ根等に発症することが多い。

● おもに気温の高い夏の時期に発症するが、通気性の悪い衣服を着て汗をかいたり、冬の暖房の使用や過剰な厚着などでできることもある。

Q.26 日焼け

けが・
トラブル

外遊びの後、腕をかき続けています。適切なケアを
教えてください。

しばらく時間をおいても
赤みが残るようなら日焼けです。

　日焼けはやけどと同じで、数時間後にかゆくなりま
す。外遊びの直後にかいているのは、汗による汚れか
もしれません。まずはシャワーや水道水でしっかり洗
い流しましょう。

　外遊びの後、涼しい室内にいても肌の赤みが残るよ
うなら日焼けでしょう。乳児は角質が薄く日焼けをし
やすいため、帽子や薄手の長袖の上着を着用するほか、
外遊びの時間を短くしたり、園庭に日よけをつけるな
ど、対策をしましょう。

プラス

外でおこなう活動の時間帯を工夫する

●外遊びなど外でおこなう活動は、紫外線の多い午前10時から午後2時までの時間帯を避ける。

園庭に日陰をつくる

●日向に比べ日陰の紫外線量は約50％。外遊びの際にはテントやパラソル、よしず、遮光ネットなどを活用し、日陰をつくる。

帽子は必ずかぶる

●外遊びの際には必ず帽子を着用させる。つばが7cmある帽子なら、約60％の紫外線が防げる。
●首筋の日差しを避けるため、後ろに布が垂れた形の帽子をかぶるとよい。

Q27

けが・トラブル

虫刺され

園庭には蚊が多く、朝や夕方の自由遊びのときなど、蚊に刺される子どもが少なくありません。腫れた場合などの適切なケアを教えてください。

石けんで洗い、水で洗い流すとかゆみが少し和らぎます。虫に刺されない工夫も大切です。

　刺された箇所を石けんを使って洗い、水できれいに洗い流すとかゆみは少し和らぎます。その後、刺激の少ないヒスタミン系のかゆみ止めを塗ります。腫れていたら、保冷剤や冷やしたタオルなどで冷やすとよいでしょう。

　腫れやすい子どもは、夏でも外遊びの際には薄手の長袖・長ズボンを着用するなど、虫刺されを防ぐ工夫をしたほうがよいかもしれません。

　虫除け剤は4時間くらいの効果があります。朝の自由遊びに備えて、家庭でスプレーをしてから登園してもらう方法もあります。

虫除け剤の使用は
保護者に了解を得る

● 園で虫除け剤を使う場合、医薬品の表示のあるものを使う。また、事前に保護者の了解を得て使う。

● 子どもが吸い込む恐れがあるので、霧状のタイプは避け、塗るタイプを選ぶ。

蚊に刺される危険性を
理解する

● 蚊に刺されると、かゆい、腫れるだけでなく、子どもによってはアレルギーが出たり、とびひになることもある。

● 病原体を保有する蚊に刺されると感染症（日本脳炎、デング熱など）にかかる危険性もあることを知っておく。

● 蚊を媒介にした感染症の流行の有無については、国や自治体が発信している情報を確認する。

効果的な蚊対策

蚊の発生源をなくす

蚊は水の中に卵を産み、卵がかえるとボウフラになって1週間ほどそこで暮らす。つまり、蚊の発生を防ぐには、園庭や園舎のまわりに水たまりをつくらないことが大切。
古タイヤなど遊具の中の水たまりや排水溝な度はこまめに掃除する。

園庭によくみられる幼虫の発生源

●古タイヤ
●植木鉢の皿
●ビニールテントの溝
●マンホールの中
●ポリタンクの中
●発泡スチロールの箱
　など

チェック!

蚊のいる場所を避ける

蚊は、やぶや日陰など湿った場所を好む。蚊に刺されないためには、できるだけこのような場所を避けるようにする。
園庭の木を剪定し、風通しをよくすることも効果的。雨上がりは蚊が発生しやすいことを覚えておく。

蚊を寄せつけない工夫をする

蚊を殺す殺虫剤と蚊を寄せつけない虫除け剤の二段構えで対応する。
殺虫剤については、蚊取り線香や蚊取りマットなどであれば保護者の理解が得られやすい。
虫除け剤については、保護者の了解を得てから使用するか、園に備えておいて登園時に保護者に使ってもらうなどの配慮も必要。
注意：殺虫剤や線香でぜんそく用の症状を引き起こすこともある。

散歩中のけが対策

散歩中の けがを防ぐ

●散歩コースを実際に歩き、子どもがけ がをしやすい場所や、横断歩道周辺の 交通量などを把握しておく。

●坂道や砂利道で急に走り出してけがを する子どもも少なくないため、低年齢 の子どもがいる場合はそのルートを避 ける。

●公園などで遊ぶ場合は、遊具の破損や ネジの緩みなどがないかなどを確認し ておく。

散歩中の
けがの
応急処置に
必要なもの

水（飲み水以外に500cc程度）

傷の汚れを洗い流すのに使う。

公園などの水も、飲んだり傷を洗い流すのに使用することは十分に可能。衛生が気になる場合は、蛇口などまわりをきれいに洗い、1分間ほど水を出してから使用する。

ガーゼ

傷の汚れを洗い流した後に傷に当てて保護する。

乾燥したガーゼは血が乾くと傷につき、はがすときに皮膜まではがしてしまい出血する。傷にはりつかないフィルム付きの滅菌ガーゼがよい。

バンダナ

ガーゼの上から包帯のように巻いたり、三角巾がわりに使う。

保冷剤

傷を冷やす。ガーゼにくるむなどして使用する。

携帯電話

園に連絡して応援を要請したり、迎えに来てもらう。救急車を呼ぶ際にも必要。

Q28

アレルギー

食後、顔に
ブツブツが

昼食の後に、顔にブツブツが出てきました。給食には卵料理がありました。保護者からアレルギーの報告はありません。どのような対応・ケアが必要でしょうか。

じんましん様の発しんであれば
食物アレルギーの疑いがあります。
ほかの症状に広がるようであれば
すぐに受診します。

顔のどの部分にどのような発しんが出たか、時間とともに広がっていないか観察します。食べた直後から30分くらいの間に赤く盛り上がったようなじんましんが出始めたら食物アレルギーを疑います。

これまで卵アレルギーがないと思われていても、しっかり焼けていない卵を食べたり、体調が悪かったりなどで、アレルギー症状が現れることもあります。

顔以外のほかの部分に発しんがあるか確認し、呼吸がゼーゼーしたり、粘膜の腫れがみられたり、下痢や嘔吐などの症状があれば、急いで救急車を呼びましょう。

献立表を確認する

● ミルク、離乳食も含め、初めて食べる食品は、家庭で2度食べて確かめてから園で提供する。

● 「いつ、何を、どのくらい、何回食べたのか、そのとき症状はなかったのか」を確認する。

安易に除去食にしない

● 除去食は、治療の一環ととらえ、医師の記載する生活管理指導表に基づいて提供する。

● アレルギーが心配だからと安易に除去食対応をすると、栄養不足や現場の煩雑さにつながりよくない。

アレルギー疾患とは

● アレルギー疾患とは、本来なら反応しなくてもよい無害なものに対する過剰な免疫反応。

● 園において対応が求められる、乳幼児がかかりやすい代表的なアレルギー疾患には、食物アレルギー、気管支ぜん息、アトピー性皮膚炎、アレルギー性結膜炎、アレルギー性鼻炎などがある。

Q 29

アレルギー

除去食対応の子を受けもった

食物アレルギーで除去食を食べている子どもを受けもつことになりました。食事のさせ方で、注意すべきことを教えてください。

調理、配膳、食事提供までの間に二重、三重のチェック体制を。ほかの子どもとテーブルを離すことも大切。

　人的エラー（配膳ミスや伝達もれなど）を防ぐため、食事内容を記載した配膳カードを作成します。毎食確認し、食物アレルギーをもつ子どもの調理、配膳、食事の提供までの間に二重、三重のチェック体制をとります。また、食物アレルギーをもつ子どものお盆や食器の色を変えるなど、調理室と協力して注意しやすくする工夫も大切です。

　年齢が低い子どもの場合は、間違えてほかの子どもの食事に手を伸ばすことがないよう、保育者が一人ついて見守ったり、ほかの子どもとテーブルを離すなどの配慮をします。

誤食・誤配膳に注意する

● 保護者と綿密に打ち合わせをし、献立表を確認する。
● 行事や担任以外がかかわるとき、おかわりのときなどはとくに気をつける。

食事環境を配慮をする

● テーブルはほかの子どもと離す。
● ほかの子どもが落としたものを拾って食べる可能性があるので、食事後は速やかに食事場所から離す。
● 食事、遊び、睡眠の場所を分けられるとなおよい。

クッキング保育ではメニューを工夫する

● 通常の保育でないときほど誤食が起こりがち。クッキング保育などの際は、食物アレルギー児も一緒に食べられるメニューを工夫する。

アレルギーをもつ子の割合と原因食物

年齢別割合

0歳 ― 6.4%	4歳 ― 2.8%
1歳 ― 7.1%	5歳 ― 2.3%
2歳 ― 5.1%	6歳 ― 0.8%
3歳 ― 3.6%	

原因物質の割合 (0～6歳児の平均)

鶏卵 ――― 39%	果物 ―― 4.0%
牛乳 ――― 21.8%	魚卵 ―― 3.7%
小麦 ――― 11.7%	その他 ― 14.7%
ピーナッツ ― 5.1%	

参考：「保育所におけるアレルギー対応ガイドライン」(2019年改訂版／厚生労働省)

Q.30

アレルギー

もしも
アナフィラキシー
ショックを起こしたら

食物アレルギー児を受けもっています。もしもアナフィラキシーショックを起こしたらと不安でたまりません。いざというときの適切な処置を教えてください。

緊急性の高い症状があったときに備え、与薬、エピペンの扱いを身につけておきます。

　食物アレルギーの症状は多岐にわたります。皮膚・粘膜、消化器、呼吸器、さらに全身に認められることがあり、複数の臓器に症状が出現する状態をアナフィラキシーと呼びます。呼吸器症状がみられる場合、アナフィラキシーショックへ進展するリスクが高まるので、注意が必要です。

　原因となる食物を摂取しないことが基本ですが、万が一、ゼーゼーとした呼吸困難や嘔吐、ショックなど緊急性の高い症状があったときは、救急車を呼ぶとともに、医師の指示を確認して与薬、エピペンなどを施行します。

　いざというとき慌てずに対応できるよう、研修会などで学んでおくとよいでしょう。

食物アレルギーの基礎知識

食物アレルギーの症状
皮膚症状：皮膚の赤み、じんましん、かゆみ
粘膜症状：まぶたの腫れ、唇の腫れ、目のかゆみ、口の中がイガイガ
　　　　　する違和感
呼吸器症状：鼻水、鼻づまり、くしゃみ、咳、喘鳴

食物アレルギーの症状の現れ方
即時型：2時間（平均15〜30分）以内に症状が現れる。
遅延型：1〜2時間以降に症状が現れる。1〜2日後のこともある。

緊急性の高い症状
消化器の症状：くり返し吐き続ける、持続する強いおなかの痛み
呼吸器の症状：のどや胸が締めつけられる、声がかすれる、
　　　　　　　犬が吠えるような咳、持続する強い咳込み、
　　　　　　　ゼーゼーする呼吸、息がしにくい
全身の症状：唇や爪が青白い、脈が触れにくい、不規則、意識が
　　　　　　もうろうとしている、ぐったりしている、尿や便を
　　　　　　漏らす

エピペン®の使い方

アナフィラキシーにおけるショック症状を緩和させるための補助治療薬「エピペン®」は、処方医からの与薬指示を、保護者からしっかり引き継いで使用します。

一般的には、軽い症状では内服薬にとどめ、重い症状の場合（p.87「緊急性の高い症状」参考）に、「エピペン®」を注射するとともに救急車を要請します。

「エピペン®」の注射は法的には医療行為にあたり、医師あるいは本人か保護者がおこなうのが基本ですが、アナフィラキシーの救命の現場に居合わせた保育者が、自ら注射できない子どもに代わって注射することは認められています。

そこで園では、緊急時の嘱託医との連携や救急搬送の体制を整えておくとともに、いざというときのために保育者が研修等を受けておく必要があります。

「エピペン®」を打つときは医師の指示を確認し、複数の職員で声を出して確認し、施行します。時間が経つとアナフィラキシー症状が悪化するので、迅速に対応することが大切です。

使い方

1 ケースから取り出し、上下を間違えないように確認しながら、「エピペン®」の真ん中をきき手でしっかりと握る。(力を入れやすいからと、上部に親指をかけたりしない)。

安全キャップ

2 安全キャップをはずし、ロックを解除する。

3 子どもの太もも前外側に、垂直に強く押し当てる。このとき、子どもがいやがって暴れても安全に使用できるように、前もって補助を頼むなど十分に配慮する。

4 そのまま数秒間待ってから、真っ直ぐに抜き取る。時間を記録して、子どもの症状の変化を細かく観察しながら、救急車の到着を待つ。

保管の仕方

●アナフィラキシーショック症状の発現時に備え、すぐに取り出せる場所に保管する。
●保管場所は職員全員が知っておく。
●安全性の観点から、子どもの手の届かないところに保管する。
●「エピペン®」の成分は光によって分解されやすいため、携帯用ケースに収められた状態で保管し、使用するまでは取り出さない。保管温度は15〜30℃で、冷所または日光のあたる高温下等に放置しないように気をつける。

虐待の早期発見

子どもが園にいる間の体調管理やけがや様々な症状への対応のほか、児童虐待を防ぐための早期発見も保育者の大切な仕事です。

園は毎日、子どもを迎え、保護者と顔を合わせます。子どもや保護者からのSOSをキャッチするために、虐待の兆候があるかどうかもチェックしましょう。

身体発育曲線（p.92〜93）から発育状況を確認することも大切です。

気になる様子があるときは、早めに自治体の担当課に相談します。

虐待の兆候をみつける

身体的な変化

- ●不自然な傷が多い
- ●原因のはっきりしないけがをしている
- ●治療していない傷がある
- ●身長や体重の増加が悪い

表情

- ●表情や反応が乏しく、笑顔が少ない
- ●おびえた泣き方をする
- ●保護者と離れると安心した表情になる
- ●落ち着きがなく、警戒心が強い

行　動	●身体的接触を異常に怖がる
	●衣服を脱ぐときに異常な不安をみせる
	●不自然な時間に徘徊する

他者との かかわり	●他者とうまくかかわれない
	●他者に対して乱暴である
	●保護者が迎えにきても帰りたがらない
	●他者との身体的接触を異常にこわがる

生活の様子	●衣服やからだがいつも不潔である
	●基本的な生活習慣が身についていない
	●給食をむさぼるように食べる
	●予防接種や健康診断を 　受けていないようだ
	●年齢不相応な性的な言葉や性的な 　行為がみられる

子どもの発育状況

「身体発育曲線」は健康状態や栄養状態を把握するためのめやすになります。カーブから大きく外れていく場合や、成長が横ばいになった場合には、原因をさぐり対応を検討します。

乳児　男

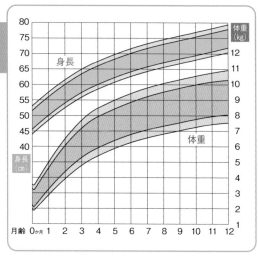

女

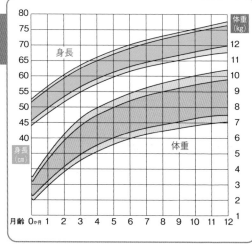

幼児

男

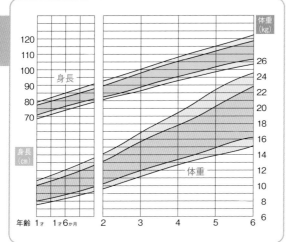

女

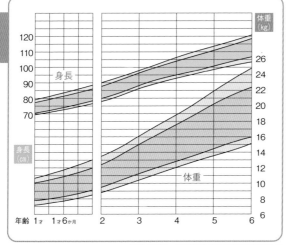

（厚生労働省　2010年乳幼児身体発育調査より）

著者・監修者紹介

チャイルド社

教育・保育に関する商品・サービスを企画・販売・提供。
近年では食育・建築・コンサルタント事業・職員の紹介業・
就学前幼児教室「こぐまチャイルド会」などの事業展開、
保育園 (パピーナ保育園他) の運営も行っている。

藤城富美子 (ふじしろふみこ)

看護師として病院勤務を経て、杉並区立保育園で看護職と
して勤務の傍ら全国保育園保健師看護師連絡会の会長を務
め、現在理事としてかかわる。また、白梅学園大学・短期
大学および東京女子体育大学・短期大学の非常勤講師をし
ている。

STAFF

8568

保育者応援 BOOKS

健康管理Q&A

2019年10月　初版第1刷発行

企画監修●柴田豊幸
編著●チャイルド社
監修・執筆●藤城富美子
装丁・デザイン●長谷川由美・千葉匠子
イラスト●みやれいこ
編集●こんぺいとぷらねっと

発行者●柴田豊幸
発行所●株式会社チャイルド社
　　　　〒167-0052　東京都杉並区南荻窪 4 -39-11
　　　　TEL　03-3333-5105
　　　　http://www.child.co.jp/